How to Draw Funny Faces

How to Draw Books for Kids, Lean How to Draw Step by Step

ISBN-13: 978-1986551380
ISBN-10: 1986551385
Copyright © 2018 Jerry Jones
All rights reserved.

No part of this publication may be copied, reproduced in any format, by any means, electronic or otherwise, without prior consent from the copyright owner and publisher of this book.

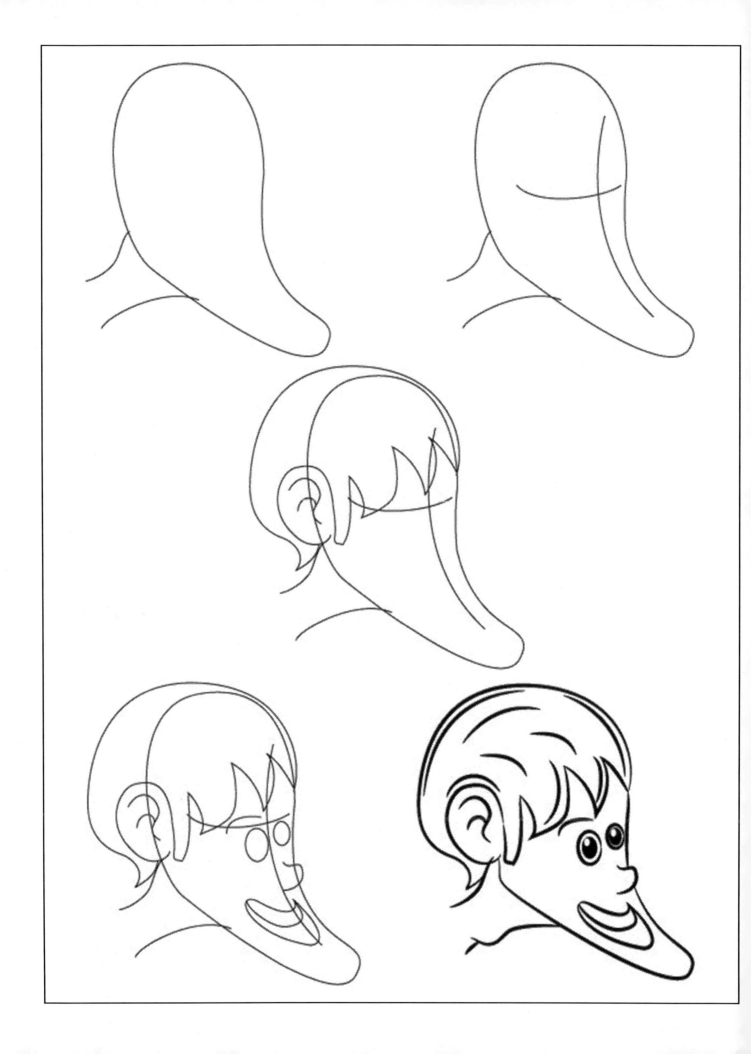

Now, it's your turn

Now, it's your turn

Now, it's your turn

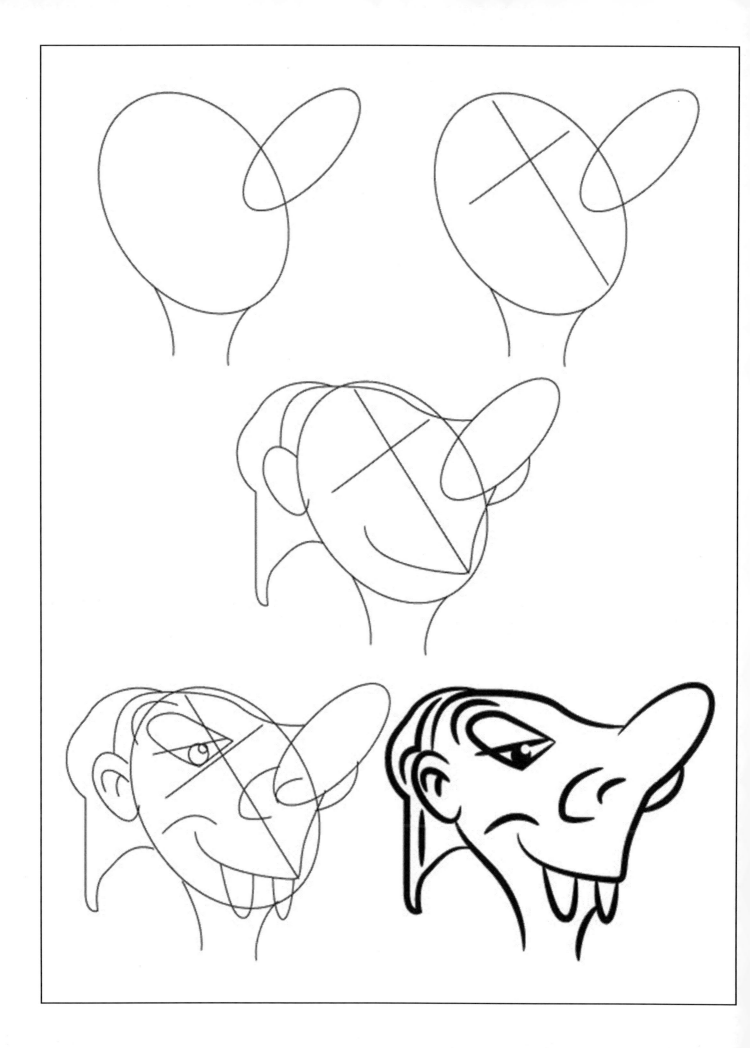

Now, it's your turn

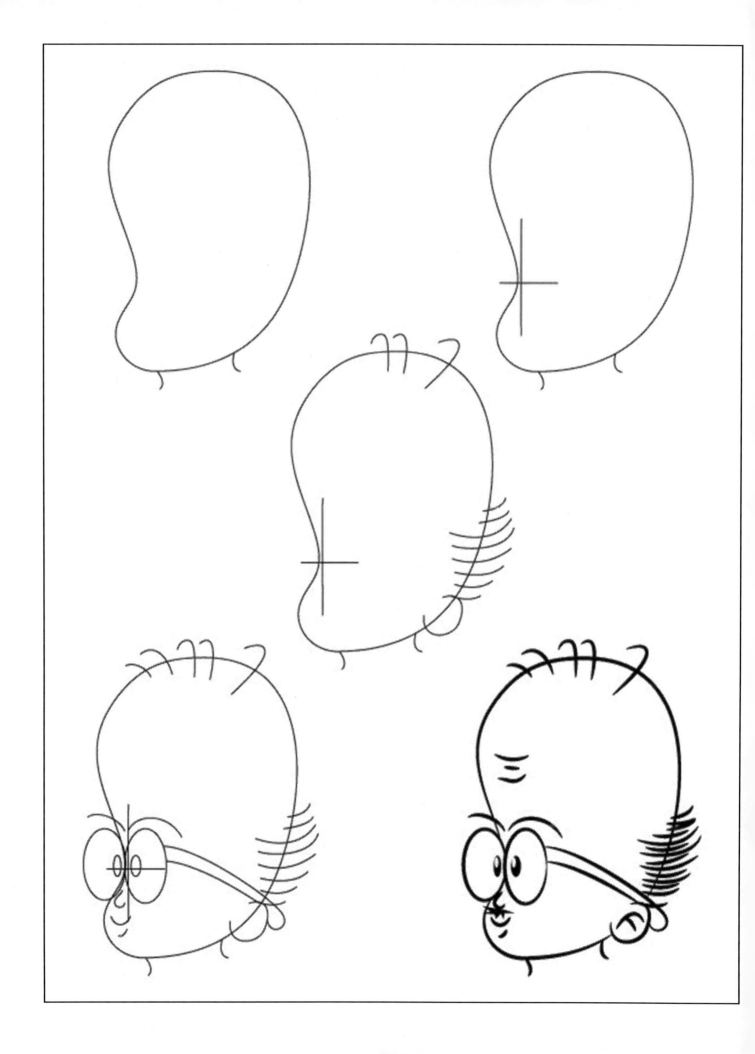

Now, it's your turn

Now, it's your turn

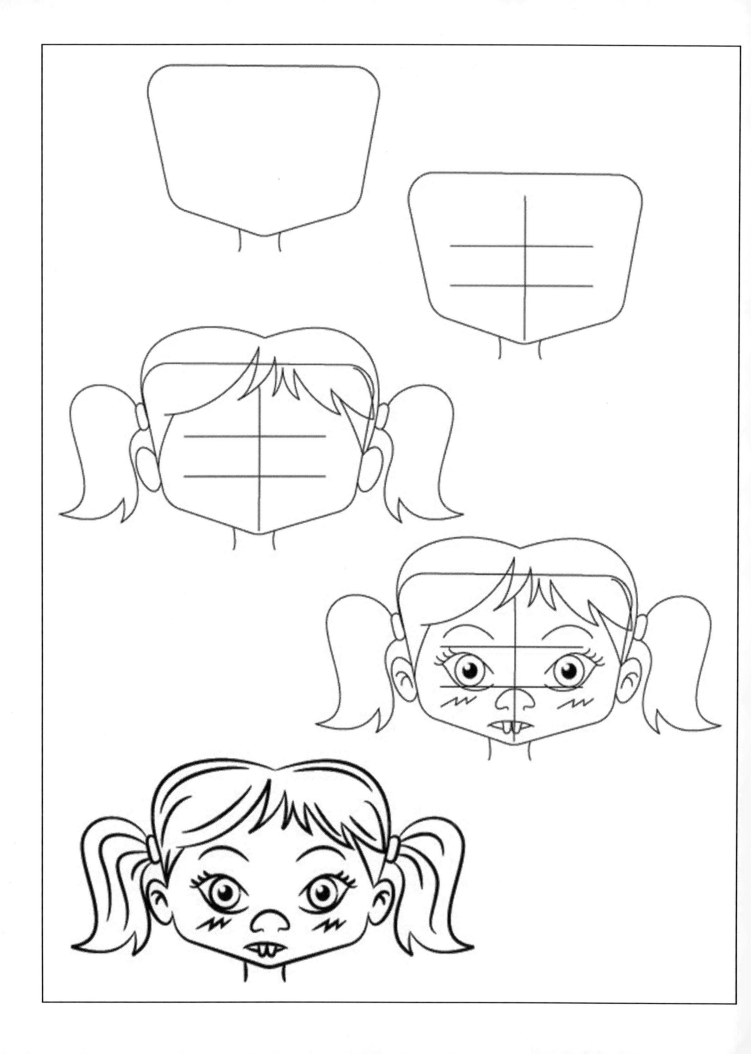

Now, it's your turn

Now, it's your turn

Now, it's your turn

Now, it's your turn

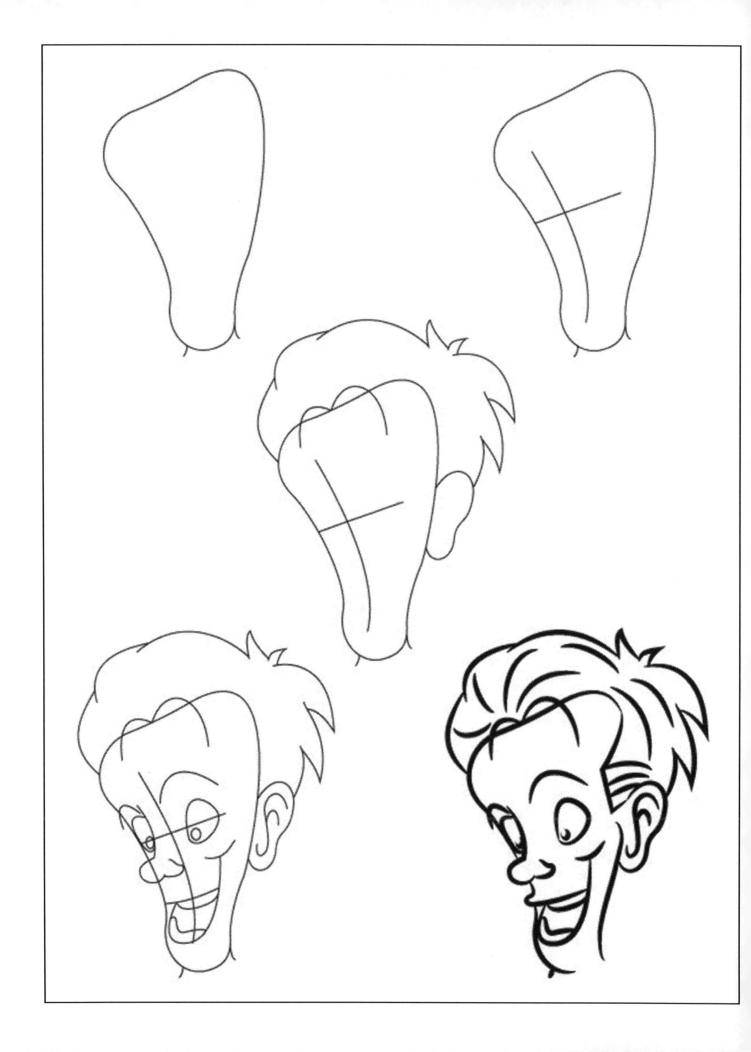

Now, it's your turn

Now, it's your turn

Now, it's your turn

Now, it's your turn

Now, it's your turn

Now, it's your turn

Now, it's your turn

Now, it's your turn

Now, it's your turn

Now, it's your turn

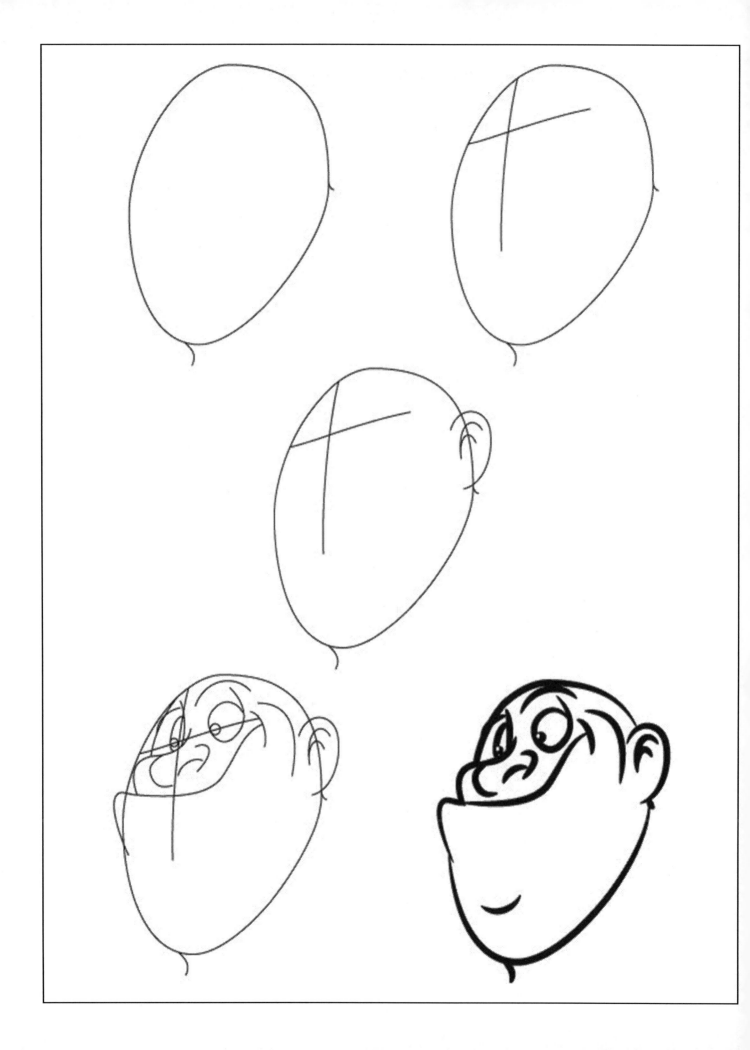

Now, it's your turn

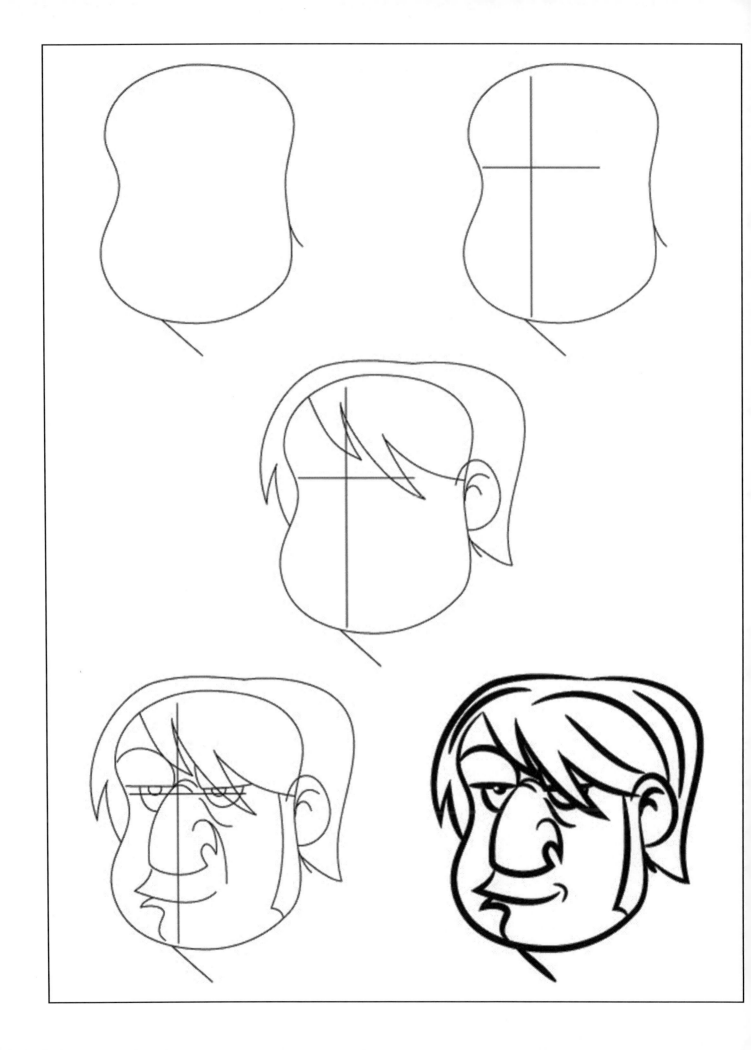

Now, it's your turn

Now, it's your turn

Now, it's your turn

Now, it's your turn

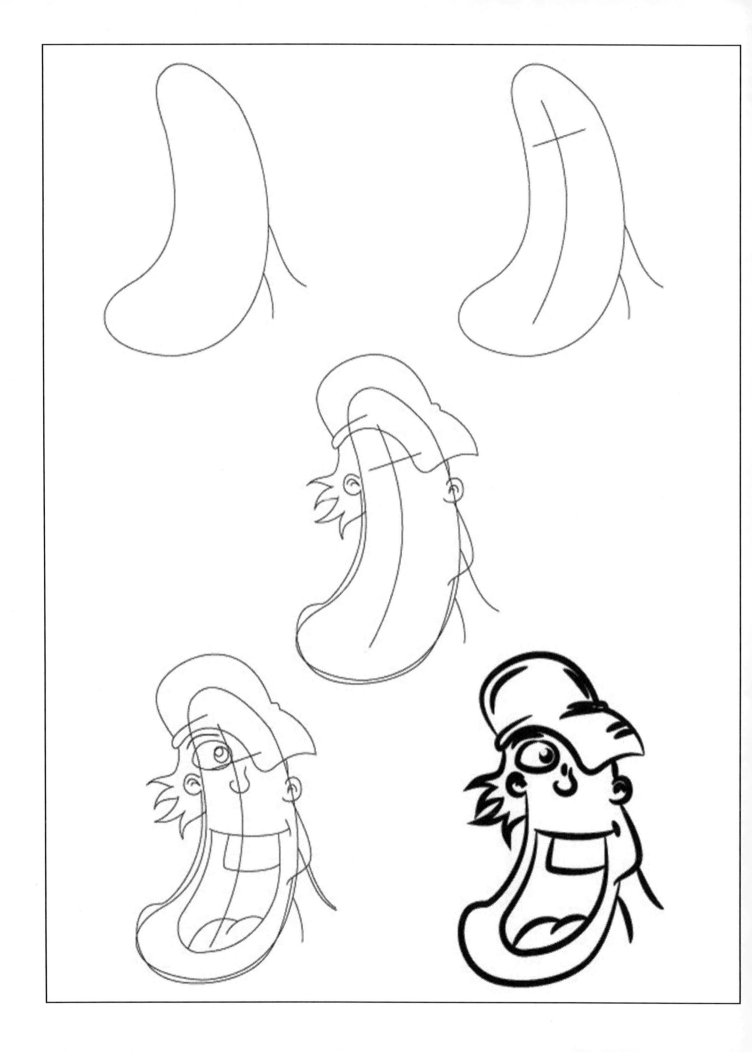

Now, it's your turn

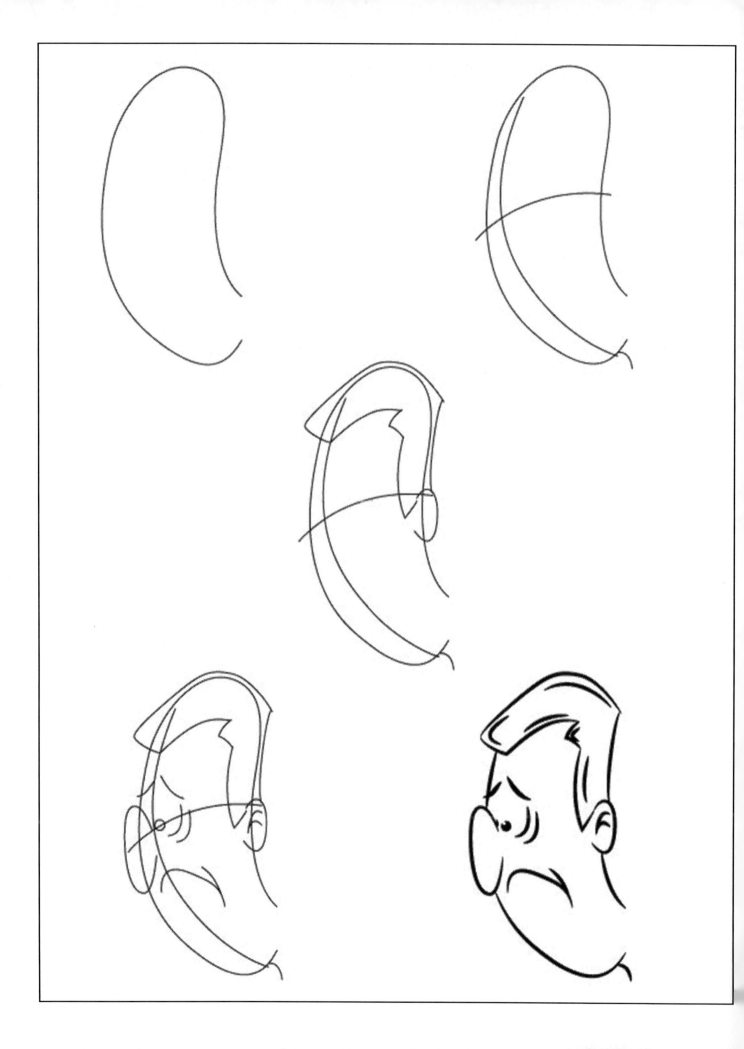

Now, it's your turn

Now, it's your turn

Now, it's your turn

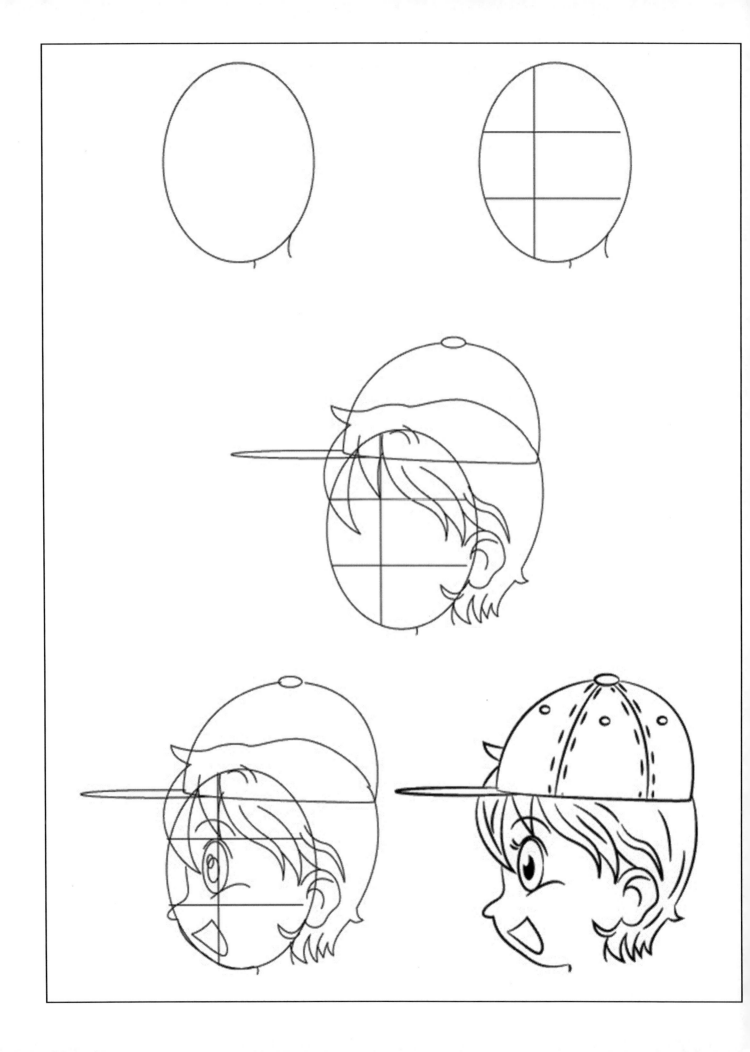

Now, it's your turn

Now, it's your turn

Now, it's your turn

Now, it's your turn

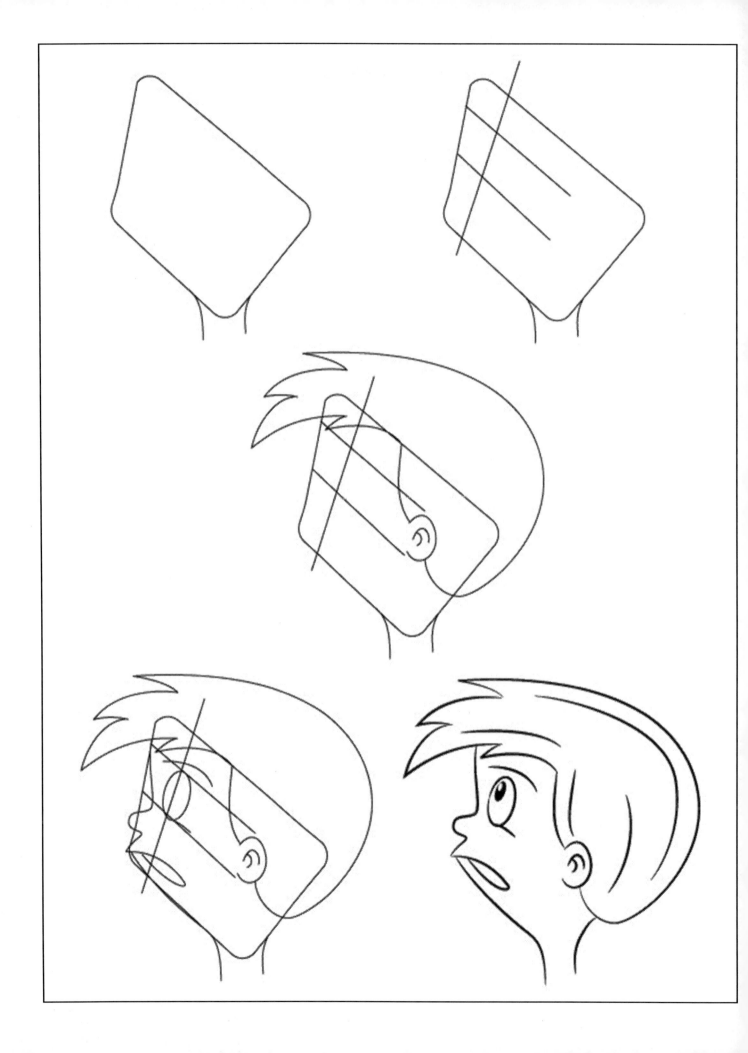

Now, it's your turn

Now, it's your turn

Now, it's your turn

Now, it's your turn

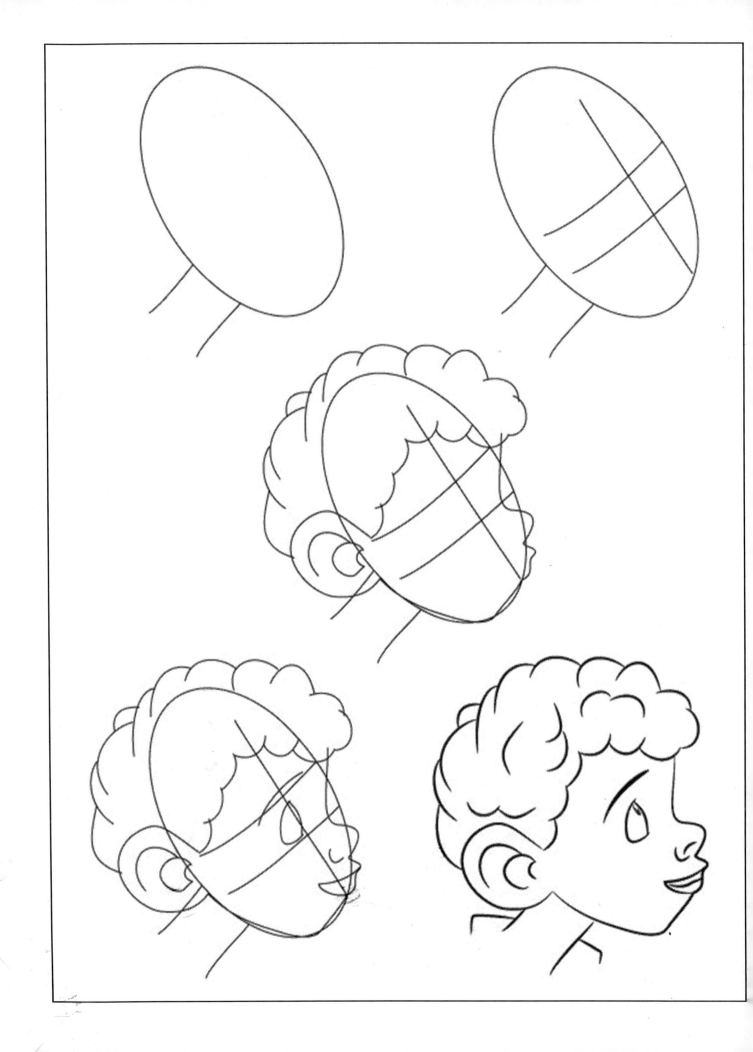

Now, it's your turn

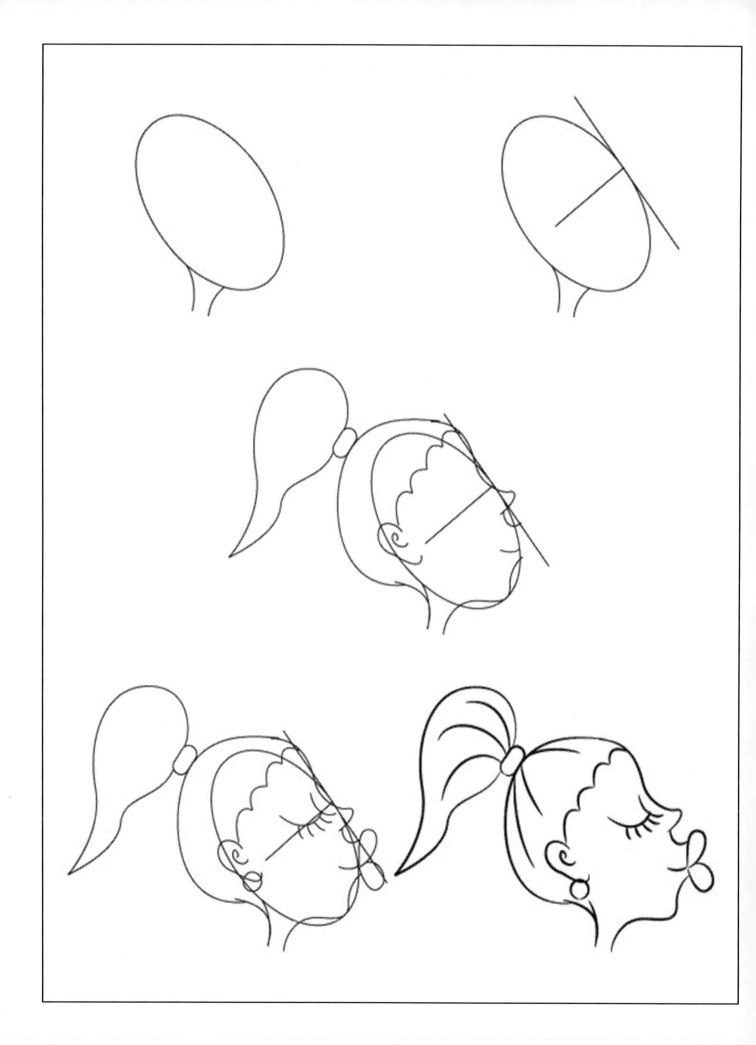

Now, it's your turn

Now, it's your turn

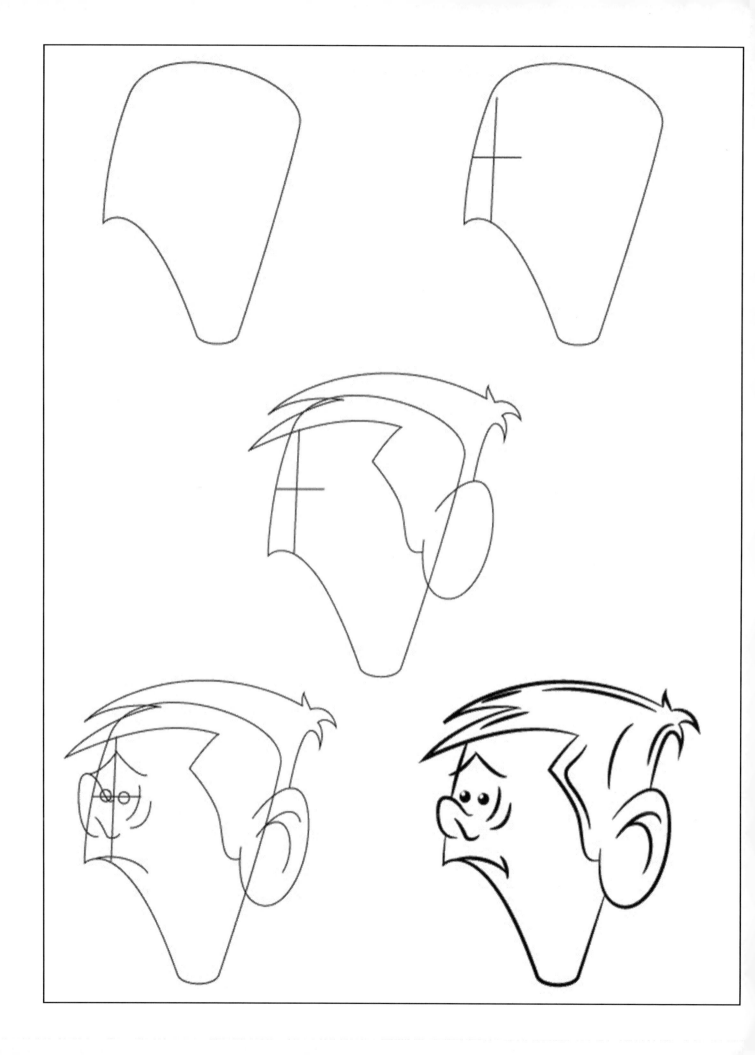

Now, it's your turn

Now, it's your turn

Now, it's your turn

Now, it's your turn

Now, it's your turn

Now, it's your turn

Now, it's your turn

Now, it's your turn

Now, it's your turn

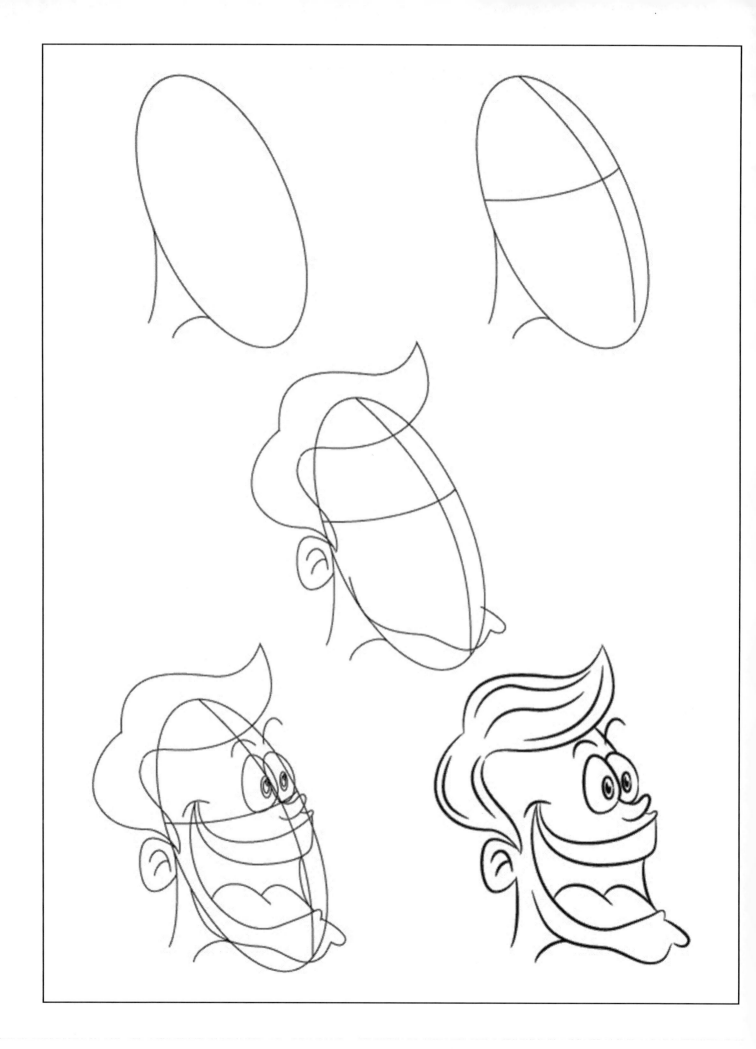

Now, it's your turn

Now, it's your turn

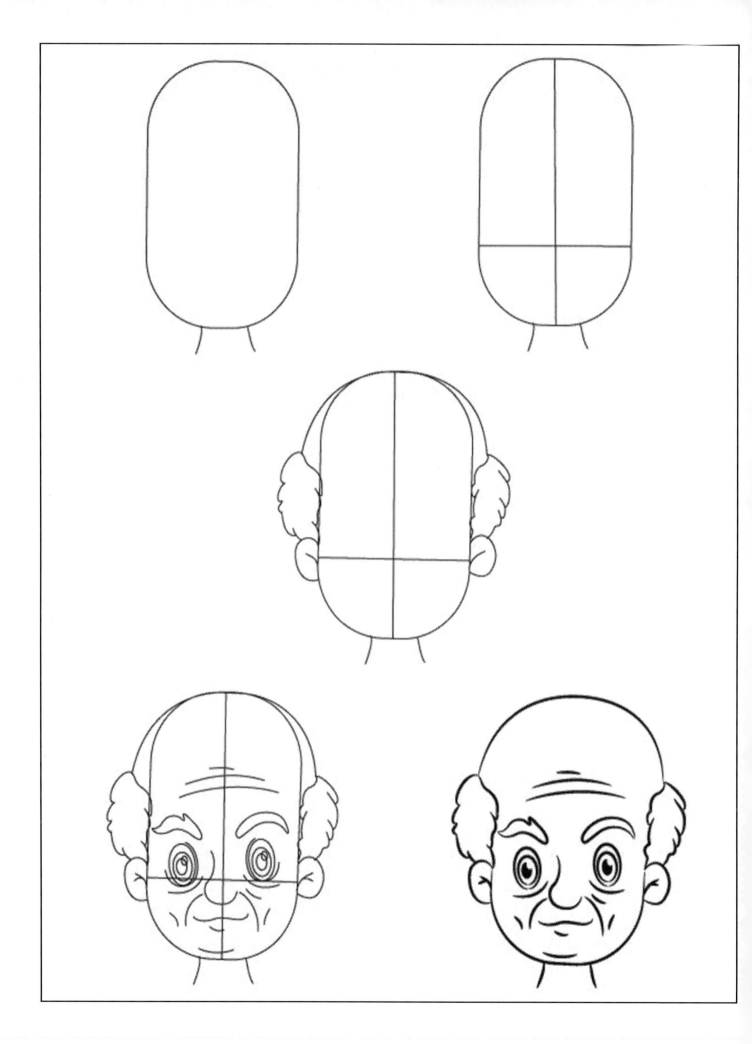

Now, it's your turn

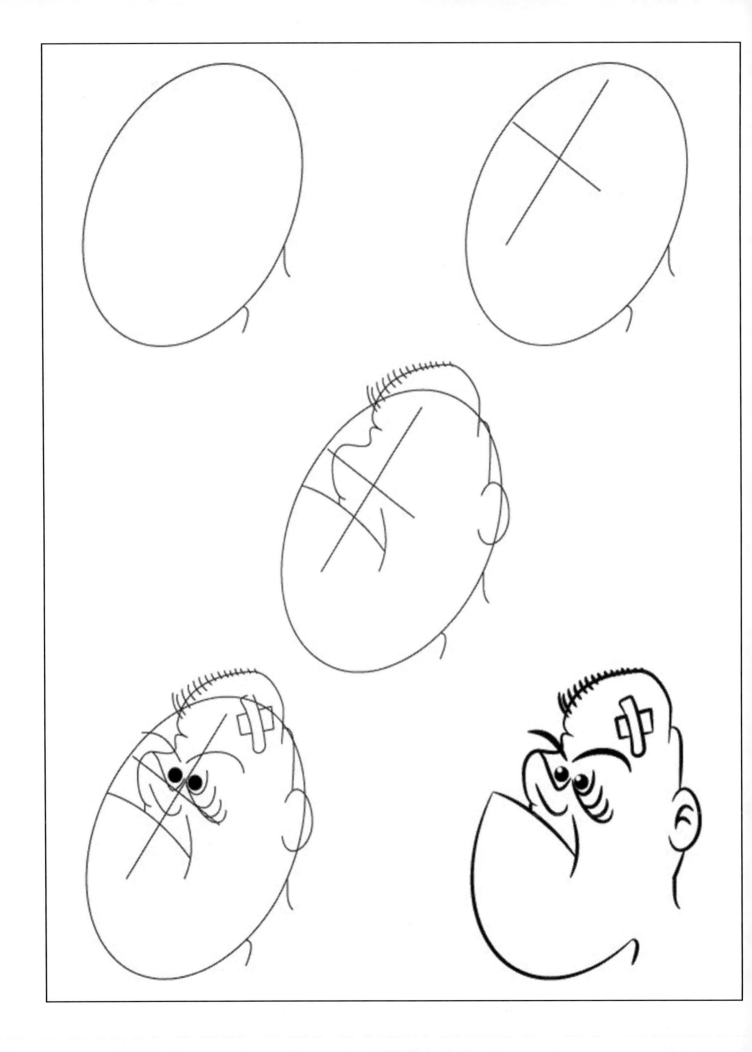

Now, it's your turn

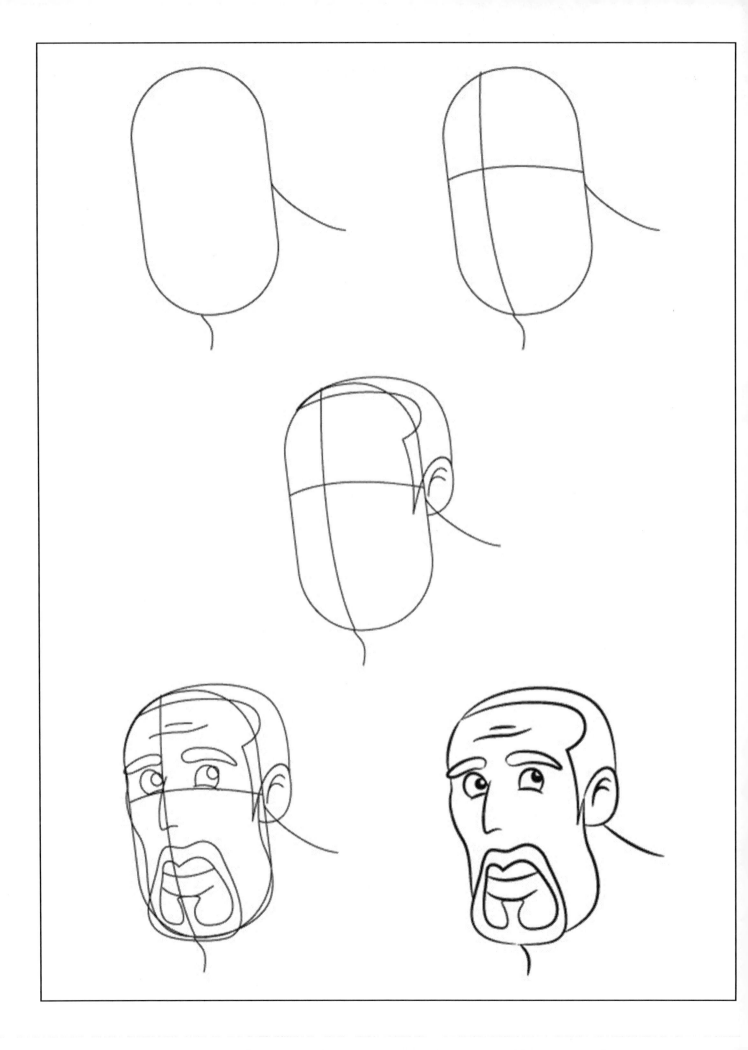

Now, it's your turn

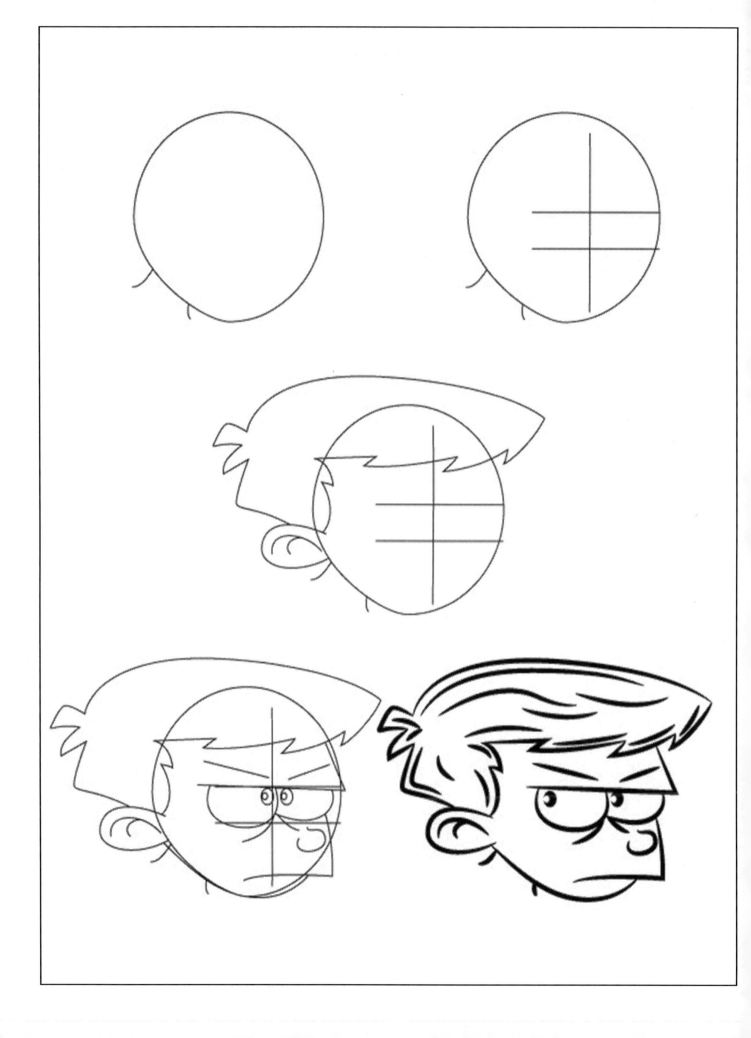

Now, it's your turn

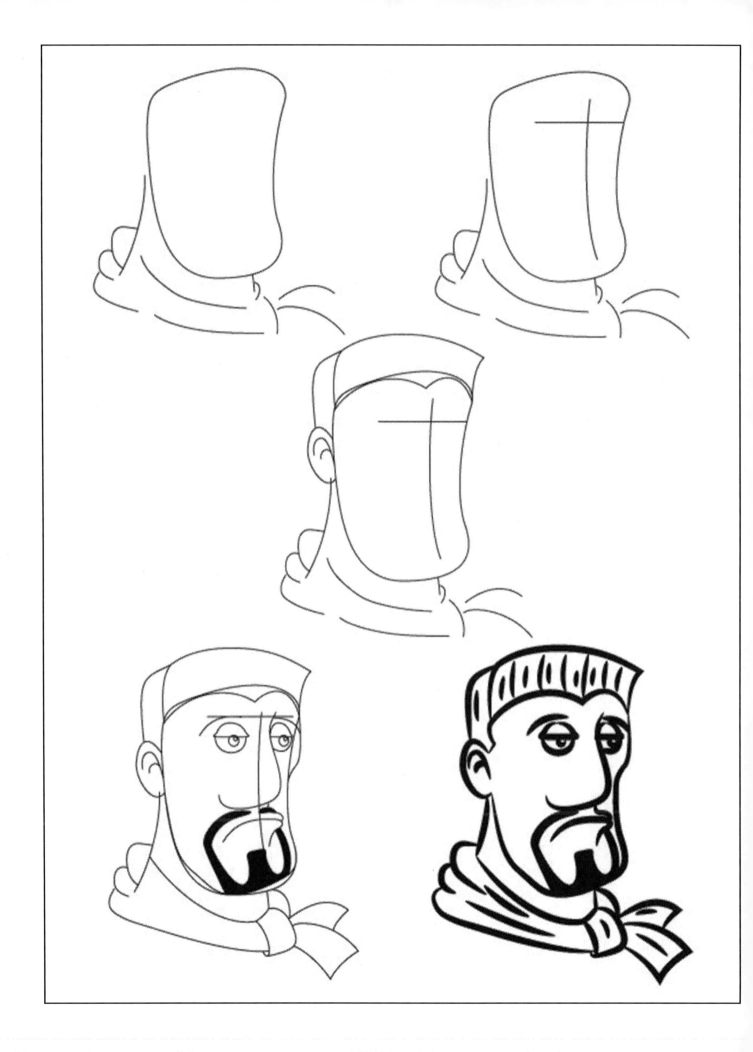

Now, it's your turn

Now, it's your turn

Now, it's your turn

Now, it's your turn

Now, it's your turn

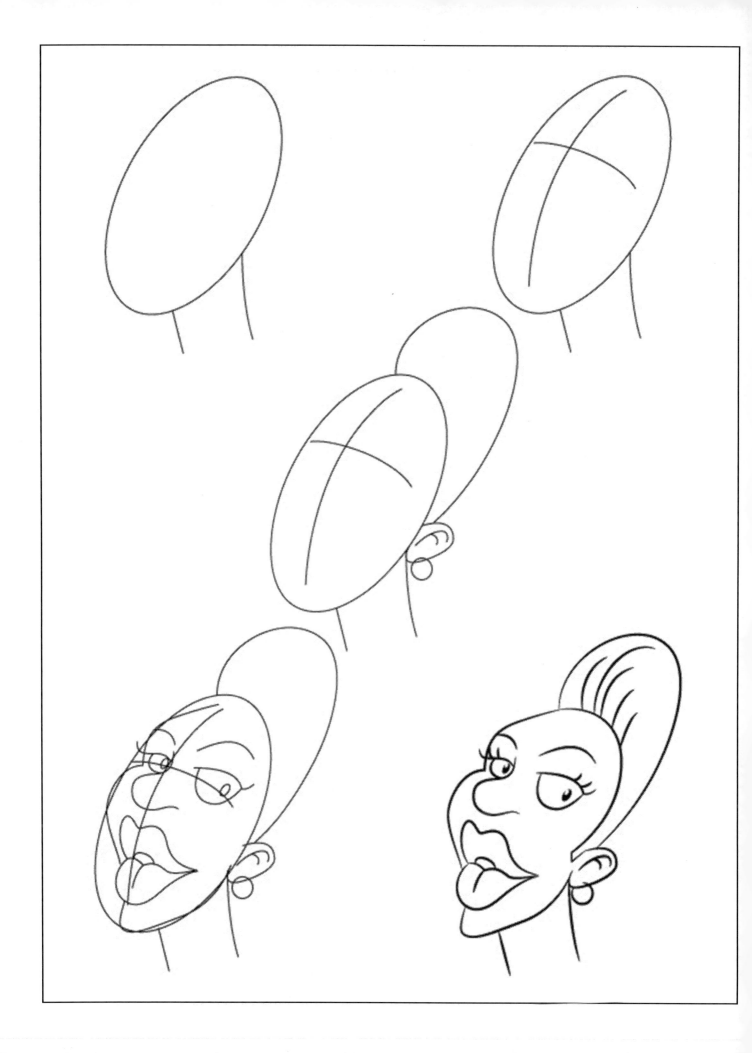

Now, it's your turn

Now, it's your turn

Now, it's your turn

Now, it's your turn

Now, it's your turn

Now, it's your turn

Now, it's your turn

Now, it's your turn

Now, it's your turn

Now, it's your turn

Now, it's your turn

Made in the USA
Las Vegas, NV
10 August 2023

75899608R00070